CYNGOR CALL
MAM BLŴI

WACADŴ!

Mae Ysgol Mam yn heriol weithiau, ond mae fory'n gyfle newydd.

Tro'r dudalen ar gyfer y canllaw gorau oll i **FYWYD MAM** gyda mam Blŵi a Bingo, Tshili.

RILY

Coda gyda'r wawr.

Defnyddia eiriau hyfryd,
er mwyn i bawb feddwl
bod gen ti deulu hyfryd.

Dyfala beth mae'r plant
ei eisiau cyn iddyn nhw
ofyn amdano.

Rhaid gosod esiampl dda.

Rheda dy ras dy hun.

Does neb yn deall dy blant
yn well na thi.

Rhanna hud a lledrith amser chwarae gyda dy blant.

Dyw llanast ddim yn llanast
os wyt ti'n cael hwyl.

Dysga nhw i fod yn gwrtais.

Ymlacia pryd bynnag
y cei di gyfle.

Gwna benderfyniadau anodd.

DYNA NI.
DWI'N TYNNU'R PLWG.

Treuliwch amser euraidd
gyda'ch gilydd.

Taith yw bod yn fam.
Felly mwynha'r siwrne!

A phaid ag anghofio –
TI'N GWNEUD YN WYCH.